DISCOURS

SUR LA PEINTURE

DISCOURS

SUR L'ORIGINE, LES PROGRÈS

ET L'ÉTAT ACTUEL

DE LA PEINTURE EN FRANCE,

Contenant des Notices sur les principaux Artistes de l'Académie ;

Pour servir d'introduction au Sallon.

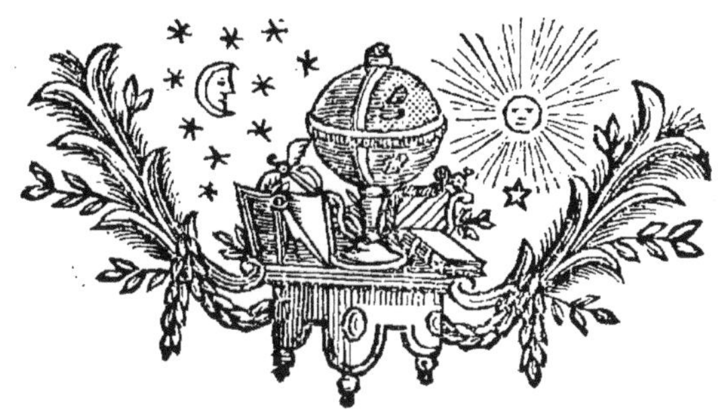

A PARIS,

Chez les Marchands de Nouveautés.

1785.

DISCOURS

SUR L'ORIGINE, LES PROGRÈS,
ET L'ÉTAT ACTUEL DE LA PEINTURE
EN FRANCE ;

Pour servir d'introduction au Sallon.

M O N objet n'est point de faire ici l'histoire de la Peinture en France ; mais seulement de donner une idée succincte des différentes révolutions qu'elle a éprouvées, afin de faire mieux connoître ensuite le mérite & les ouvrages des principaux Artistes qui composent aujourd'hui l'Ecole françoise.

Les démembremens de l'Empire Romain, les guerres continuelles du bas Empire, & l'invasion des Barbares firent long-tems oublier les beaux arts. Les chefs-d'œuvres des Anciens resterent ensevelis sous les ruines de la Grece & de Rome. Après

A

douze siecles d'ignorance & de barbarie , après la destruction de l'Empire d'Orient, l'esprit humain parut se réveiller de son assoupissement ; quelques restes des beaux arts refluerent vers l'Italie, la protection des Médicis les réchauffa , les Artistes étudierent les monumens antiques échappés aux mains des Barbares , & l'on vit d'abord reparoître la Peinture , qui précéda la renaissance des Lettres, & fut comme l'aurore qui sembloit les annoncer.

Cimabué qui nâquit à Florence vers le milieu du treizieme siecle , fut le premier qui se sentit inspiré par les beautés de l'antique. Il eût pour maîtres des Peintres de la Grece, que le Sénat de Florence avoit appellés en Italie, & lui-même forma quelques éleves Florentins. Il surprit un jour *Le Giotto*, dessinant des moutons, en gardant son troupeau ; il cultiva les heureuses dispositions du berger, dont il fit un Artiste qui s'acquit alors quelque réputation. *Le Giotto* & les autres disciples de *Cimabué*, furent les premiers fondateurs de l'Ecole Florentine d'où sortirent bien-tôt *Michel-Ange* & *Léonard de Vinci*.

Ce fut à cette époque que la Peinture se vit accueillie & protégée en France sous le regne de François I. Ce Prince aussi célebre par les beaux arts dont il fut le restaurateur, que par ses démêlés avec Charles-Quint, attira de l'Italie les Artistes les plus renommés, les engagea par ses bienfaits

& fes carreffes à fe fixer auprès de lui. Il reçut lui-même les derniers foupirs de *Léonard de Vinci* qui vint mourir à Fontainebleau à l'âge de 75 ans. Il vifitoit fouvent *André del Sarto*, fon difciple. Il donna l'intendance de fes bâtimens au *Primatice* & à *Le Roffo*, connu en France fous le nom de maître *Roux*, & les chargea du foin des peintures de Fontainebleau.

Malgré les encouragemens que François I. donnoit aux Artiftes, la Peinture étoit encore comme étrangère en France ; les maîtres des Ecoles Florentine & Romaine n'y firent aucun éleve, & l'Ecole Françoife étoit encore à naître. Ce n'eft que fous le regne de Henri II, tems auquel parut *Jean Coufin*, que l'on peut fixer l'époque de fa naiffance. Avant ce tems, les Peintres François ne s'étoient encore exercés que dans la peinture fur verre ; ils furent les premiers qui imaginerent de faire des tableaux par la réunion de plufieurs verres peints. *Jean Coufin* lui-même l'un des premiers fondateurs de l'Ecole Françoife, fe fit connoître d'abord par ce genre de peinture ; mais les ouvrages des maîtres de Florence & de Rome lui infpirerent un autre goût. Il peignit l'hiftoire, & l'on diftingue encore parmi fes tableaux, *le jugement univerfel* qui fe trouve dans l'églife des Minimes de Vincennes. Les figures de ce tableau ont de la grace, & le *faire* en eft très-moëlleux. Il ne fent ni le ftyle gothique, ni le goût national, quoique son Auteur n'ait point été puiser à Rome même les connoissances de son art.

Cependant les Artistes François commencerent bientôt à reconnoître qu'ils avoient besoin des se- cours de l'Italie, seule dépositaire de l'antique, & riche de son propre fonds. *Martin Fréminet*, né à Paris en 1567, passa 15 à 16 ans, tant à Rome qu'à Venise, & autres villes d'Italie; il en rapporta une connoissance profonde de son art, le goût de dessin de *Michel Ange* & du *Parmesan*. A son retour en France, Henri IV. le nomma son premier Peintre, & le chargea du soin de peindre la cha- pelle de Fontainebleau.

L'on doit s'étonner de trouver si peu de noms connus dans la liste des Peintres François, depuis François I. jusqu'à Louis XIII. tandis que la Peinture étoit en Italie au plus haut degré de sa gloire. Les guerres civiles, les troubles de religion arrêterent long-tems les progrès des arts en France, & l'Italie étoit alors riche, paisible & florissante. Mais à mesure que nous approchons du siecle de Louis XIV, nous voyons peu-à-peu se former l'Ecole Françoise, & la réputation de ses maîtres égaler celle des Peintres de Florence & de Rome.

Simon Vouet, né à Paris en 1582, premier Peintre de Louis XIII. après un séjour de 15 ans en Italie, revint en France, y ramena le bon goût qu'il venoit de puiser dans l'étude des grands maîtres, donna

plus d'activité à l'Ecole Françoife encore naiffante ;
& par le grand nombre d'éleves qu'il forma , elle
fe vit bientôt au moment glorieux d'éclipfer , ou
du moins de balancer la gloire de fes rivales.

Les dernieres années du miniftere de Richelieu,
& les premieres du regne de Louis XIV. furent
l'époque d'une révolution générale dans tous les arts.
Ce fiecle, auquel il donna fon nom , ne fut point
inférieur aux fiecles des *Phidias* & des *Apelles* , des
Michel Ange & des *Raphaël. Le Pouffin*, qui fut
dans fon tems le plus grand Peintre de l'Europe ,
joignoit au génie de la Peinture toutes les connoiffances de fon art. Scrupuleux partifan de l'antique ,
il en porta le goût dans tous fes tableaux. Il fut
appellé par quelques-uns *le Peintre des gens d'efprit* ,
par d'autres le *Raphaël de la France*. A-peu-près
dans le même tems, *Le Sueur* fe rendoit immortel
par le *cloître des Chartreux* ; le celèbre *Lebrun par
les batailles d'Alexandre* , & *Mignard* par *les plafonds
du château de S. Cloud* , & par *la coupole du Val-de-
Grâce*, célébrée par Moliere fon ami. *Dufrefnoi* ,
Peintre & Poëte, joignoit les préceptes à l'exemple,
faifoit des tableaux, donnoit aux Artiftes & aux
Lettres la *Poëtique de la Peinture*. On admiroit
encore les ftatues du *Pujet* , & peu de tems après
les bains d'Apollon par *Marfy* , & le tombeau du
Cardinal de Richelieu par *Girardon* ; car la Sculpture fuivoit d'un pas égal les progrès de la Peinture.

Les beaux arts furent alors en France ce qu'ils avoient été en Italie fous les Médicis. Le fiecle fuivant fut l'époque de leur décadence. Comme ils arrivent par degré à la perfection, c'eft auffi par degré qu'il s'acheminent vers le dépériffement. Ils fe foutinrent encore avec une forte d'éclat fous la régence & les premieres années du regne de Louis X V. : *Le Moine* tenoit encore en beaucoup de parties au bon goût du fiecle de Louis X I V. Sa compofition du *fallon d'Hercule*, à Verfailles, étoit digne des plus beaux âges de la Peinture. Les grâces de fon deffin, la douceur de fes expreffions, la fraîcheur & le brillant de fon coloris, une belle ordonnance lui firent alors un grand nombre d'admirateurs.

Boucher, fon difciple, entraîné par les grâces féduifantes de cet Artifte, adopta fa maniere & la défigura. Né avec un efprit actif, une imagination riche & brillante, il fembloit fait pour réunir en lui toutes les qualités d'un grand Peintre; mais ennemi de la contrainte & livré au plaifir, il ne fe foumit point affez à l'étude févere de la Nature, il abufa de fa facilité, ne fuivit que fon imagination pour guide. Ses bergers, il eft vrai, étoient gracieux, fes vierges étoient charmantes ; mais fes vierges & fes bergers ne fe trouvoient qu'à l'Opéra. S'il eût les grâces de *Lemoine*, il s'éloigna bien plus que lui de la Nature & de la vérité. Sa fougue ne fût point tempérée par l'étude de l'antique dont il ne connoiſſoit que le nom, n'ayant reſté que peu de mois en Italie, & toujours dans un état de maladie qui ne lui permettoit aucune application.

Le goût du public contribua beaucoup à la décadence de l'Art; on accueillit avec tranſport ces productions brillantes & éphémeres; l'appas du gain, la facilité de l'exécution entraîna tous les Artiſtes. Le goût du deſſin & de l'antique fut décrié, l'attachement aux principes regardé comme ſervitude. La mode & le caprice furent ſes ſeules regles, les grâces devinrent factices & maniérées; des exagérations burleſques prirent la place de la Nature. *Natoire* ſorti de l'école de *Le Moine*, quoique foible dans le deſſin, s'acquit alors la réputation d'un bon Deſſinateur, tant la belle Nature étoit oubliée !

Les Artiſtes pouſſerent bientôt le délire de l'imagination au-delà de toutes les bornes ; un d'entr'eux (*a*) y mit le comble, & comme le Peintre dont parle Horace, il joignoit une tête humaine au col d'un cheval ; il mêloit enſemble le ciel, la terre, les enfers, la fiction & la vérité, l'hiſtoire & la fable, & s'il repréſentoit la Nature, c'étoit ſon image avant le débrouillement du chaos.

Une autre cauſe de la décadence de la Peinture, ſe fut l'eſpece de deſpotiſme que les chefs de l'Aca-

---

(*a*) De la Joue.

démie exerçoient alors sur le génie. Les Arts comme les Lettres doivent être en république. *Les Carraches* recommandoient souvent à leurs éleves de ne suivre que la Nature & leurs propres inspirations, & l'on vit sortir de leur école *le Dominiquin, le Guide, le Guerchin, l'Albane, &c.* tous aussi différens par leur talent qu'on l'est par la figure. Suivant un autre route, *Boucher & Vanloo* à la tête de l'Ecole Françoise, n'approuvoient dans leurs éleves que ce qui leur ressembloient. Chefs actifs & entreprenans, ils virent bientôt s'étendre leur domination ; des disciples trop dociles reçurent le joug, & loin d'aspirer à la gloire d'être quelque chose par eux-mêmes, ils ne furent que les copies serviles de leurs maîtres, trop heureux cependant s'ils n'avoient eu pour guide que *Vanloo.* S'ils alloient à Rome, ils y portoient leurs préjugés, dejà corrompus par le faux goût, ils voyoient mal les ouvrages des Artistes les plus célebres, ou ne les étudioient point du tout. Le génie de la Peinture n'est pas aujourd'hui sous le même despotisme, il jouit sous un chef éclairé *(a)* de sa liberté naturelle.

Comme les Arts se tiennent toujours par quelque chaîne sensible, la corruption de l'un se répand bientôt sur tous les autres. Le Sculpteur défiguroit la Nature par des attitudes arbitraires & des grâces

______

(a) M. Pierre, premier Peintre du Roi.

(9)

forcées. L'Architecte empruntoit de la Peinture un mélange bizarre d'ornemens, fruit d'une imagination déréglée, plutôt que du goût & de la raison. Le Poëte, comme le Peintre, se livrant trop à lui-même, abandonnoit les traces des anciens, secouoit les chaînes formées par une longue expérience, & remplaçoit par des antithèses, & par de l'affectation, des pensées fausses & brillantes, le sentiment & les grâces simples de la Nature.

Ce seroit ici le lieu de comparer la Poésie à la Peinture, de la faire voir, comme elle fut d'abord florissante en Italie, renaissante sous François I., prendre un essor plus élevé sous le ministère de Richelieu, parvenir au comble de sa gloire sous le regne de Louis XIV., dégénérer ensuite par l'influence de *Lamotte* & de *Fontenelle*, comme la Peinture par celle de *Boucher* & de *Le Moine*. On pourroit étendre plus loin cette espece de rapprochement ; mais ce n'est point ici mon objet, & l'on a dejà tant de fois rapproché la Poésie & la Peinture, les Peintres & les Poëtes, que ce parallele devient facile à quiconque jette les yeux sur les annales de l'esprit humain.

Le goût & les Arts se sont perdus dans les siecles de Barbarie ; ils se sont corrompus comme les mœurs, dans les tems d'une politesse trop recherchée, & cette corruption qui nous éloigne davantage de la Nature , eſt ſouvent plus dangereuſe que leur ruine totale. Ce n'eſt que par de grands efforts qu'on peut les ramener à leurs vrais principes : auſſi j'oſerai placer les défenſeurs du bon goût au même rang que les premiers reſtaurateurs des beaux arts.

Malgré les ſuccès prodigieux du mauvais goût, & ſes progrès trop rapides, la corruption n'a été, pour ainſi dire, que momentanée. Quelques Artiſtes d'un mérite diſtingué, ont oppoſé leur talent & leur courage au torrent qui ſembloit devoir les entraîner, comme la multitude & la médiocrité. M. *Vien*, ſurtout inébranlable au milieu de la corruption générale, eſt reſté conſtamment fidele au bon goût du deſſin, ſi néceſſaire pour l'imitation vraie de la Nature : un ſuccès brillant a couronné ſes efforts, les bons principes ont prévalu, l'Ecole Françoiſe paroît aujourd'hui les adopter : la plupart des Artiſtes qui la compoſent, libres des préjugés qui dominoient leurs prédéceſſeurs, nous annoncent encore une époque brillante pour la Peinture.

Pour faire connoître l'état actuel où elle ſe trouve en France, je me propoſe d'examiner les talens & les ouvrages de nos meilleurs maîtres, de ceux ſurtout qui peuvent être diſtingués des autres par quelques traits qui les caractériſent. En rendant juſtice à leur mérite, j'attaquerai d'une maniere impartiale leurs défauts, & je n'aurai d'autre but dans mes

obfervations , que les progrès de l'Art & l'encoura-
gement des Artiftes. Ainfi mon deffein n'eft pas de
fuivre la marche de ceux qui s'érigent en cenfeurs
du Sallon *(a)*, qui, la plupart livrés à l'efprit de
parti, s'éloignent de cette modération qui convient
à la faine critique, découragent le talent, bleffent
le goût & la raifon par de fauffes obfervations.

M. PIERRE.

A la tête de l'Académie, nous voyons aujourd'hui
M. Pierre, que fes talens & fon amour pour les Arts
ont rendu digne de remplir cette place importante
pour la gloire & les progrès de la Peinture. Si nous le
confidérons comme le Chef de l'Ecole Françoife ,
nous le voyons ne rien négliger pour lui donner toute
l'activité dont elle eft fufceptible. Si nous le confidérons comme Artifte, nous ne pouvons pas nous
empêcher de donner les plus grands éloges à fa fu-
perbe *coupole de S. Roch*, ainfi qu'au *S. François*
qu'il a fait pour S. Sulpice. Ces deux ouvrages, d'une
conception noble & hardie, font dignes de nos

(*a*) La plupart des critiques du Sallon ne font, le plus
fouvent, que des efpeces de libelles contre les Artiftes,
& ceux qui les font, nous paroiffent en général ignorer
l'efprit & même les premiers principes de l'Art.

plus grands maîtres. On y voit un beau ton de couleur , une touche facile, mais à laquelle il échappe quelquefois des incorrections de deſſin.

Nous regrettons que M. *Pierre* ſe ſoit arrêté trop-tôt dans la carriere qu'il avoit ſi bien commencée; car ce qu'il a fait, nous annonce ce qu'il auroit pu faire , & grace au talent qu'il a fait paroître, nous avons droit de lui reprocher de cultiver aujourd'hui la Peinture moins en Artiſte qu'en Amateur.

M. V I E N.

On ne peut trop louer M. *Vien* d'avoir lutté 30 ans contre le mauvais goût de l'Ecole Françoiſe, d'y avoir conſervé la pureté de deſſin de l'antique. Exact obſervateur du coſtume & des uſages , il ne néglige rien de tout ce qui peut caractériſer la différence des tems & des pays. Nous exhortons les Artiſtes à devenir auſſi ſéveres que lui ſur cette partie intéreſſante de leur Art encore trop négligée, & ſur laquelle les critiques ne font aucune obſervation.

La connoiſſance profonde du coſtume , le ſentiment exquis du ſtyle Grec, ont rendu M. *Vien* très-propre à traiter les ſujets de l'hiſtoire ancienne , & ſur-tout ceux d'Homere. Les tableaux qu'il a faits pour Mme. Geoffrin , ſemblent faire revivre parmi nous les ouvrages des Peintres d'Athenes. Avec tant de qualités, il eſt fâcheux que le pinçeau de M. *Vien* laiſſe quelquefois de la froideur dans le caractere & le deſſin de ſes Héros.

Pluſieurs de ſes tableaux, enſevelis dans la province, ſont perdus pour un grand nombre de jeunes Artiſtes qui gagneroient à les conſulter. Les Capucins de Taraſcon en poſſedent trois qui ſont regardés comme des chefs-d'œuvres.

M. DOYEN.

M. *Doyen* s'eſt emparé des ſujets d'Homere, & le Peintre quelquefois s'eſt montré digne du Poëte. Les poéſies d'Homere ſont une galerie de tableaux, & les tableaux de M. *Doyen*, des poéſies. Toutes ſes compoſitions ont de la chaleur & de l'énergie. *Les plafonds des Invalides* qui méritent d'être cités parmi ſes meilleures productions, n'ont d'autre défaut pour ſa réputation, que de n'être pas aſſez vus : mais cette imagination poétique qui l'enflamme pour Homere, le rend quelquefois gigantéſque & incorrect.

M DE LA GRENÉE L'AÎNÉ.

M. *de la Grenée* l'Aîné mérite une place diſtinguée parmi les maîtres de l'Ecole Françoiſe ; il s'eſt appliqué à la correction du deſſin, ainſi qu'à l'étude des grands modeles de l'Italie. Son ſtyle eſt d'un bon goût, mais il eſt trop uniforme, tous les ſujets qu'il traite ont une même couleur. S'il connoît la Nature, il ne la varie point aſſez ſuivant les différences des Gouvernemens, des tems & des climats; & pour citer un exemple encore récent, dans ſon tableau qui parut au dernier Sallon, & dans lequel le public a remarqué de grandes beautés, *les deux veuves Indiennes* qui veulent ſe brûler pour leur mari, n'avoient point la couleur de leur pays, & les perſonnages du tableau ne reſſembloient point aux habitans des rives du Gange.

M. DE LA GRENÉE le Jeune.

L'Académie poſſede encore un autre *de la Grenée*, frere du précédent, qui nous paroit, comme lui, digne d'être cité parmi les bons maîtres de notre Ecole. Il nous paroît avoir ſuivi le *Cortone* en Italie; mais s'il l'a choiſi pour ſon guide, c'eſt plutôt par une reſſemblance de génie à ce maître de l'école Romaine, que par une imitation timide; car M. *de la Grenée le Jeune* nous paroît ſi ſûr & ſi franc dans ſon *faire*, que l'on diroit que ſans le *Cortone*, il eût encore été le même. Cependant on pourroit lui croire au ſuprême degré le talent de l'imitation; il ſe joue quelquefois à peindre de petits tableaux dans le ftyle de ceux que l'on a découverts fous les ruines *d'Herculanum* ; il en imite fi bien la maniere, que les yeux les plus exercés auroient peine quelquefois à reconnoître la différence, fi les procédés étoient les mêmes.

Sa touche eft facile, mais fon deffin eft très-incorreét ; fa couleur eft foible : fes figures ont de la grâce ; & s'il a quelquefois des négligences, femblables aux mal-adreffes des enfans, fes négligences font aimables, & peut-être on pourroit nommer ce Peintre, comme La Fontaine, *enfant gâté de la Nature.*

M. VINCENT.

Le pinceau de M. *Vincent* fe prête heureufement & fans effort à tous les fujets qu'il traite. Perfonne n'a mieux fu varier fon ftyle, fuivant les circonftances : il a prouvé par fon tableau du *Préfident Molé*, par celui d'*Achille*, par la *Pifcine*, &c. qu'il eft également propre à traiter tout ce qui tient au genre de l'hiftoire. Doué d'un taét délicat, d'une fenfibilité exquife, il s'eft approprié les manieres des plus grands maîtres, il les a fuivis fans en être l'efclave, ne paroiffant même en les imitant qu'obéir à l'impulfion de fon génie. Son ftyle eft correét, fon exécution nerveufe. On lui reproche d'être trop noir ; mais la tête remplie des tableaux de l'Italie , il a pu sans peine en contracter le ton qui n'est pas toujours celui de la Nature , & qui n'est le plus souvent dans les maîtres de l'Ecole Romaine , que l'ouvrage du tems , plutôt que celui de l'Artiste.

M. MÉNAGEOT.

M. *Ménageot* nous a paru doué des principales qualités qui constituent un grand Peintre; mais ses qualités se sont, pour ainsi dire, identifiées avec un certain goût national, auquel il tient plus qu'à celui des Ecoles d'Italie. Sa couleur n'est pas toujours vraie, & dans les sujets qu'il a tirés de l'histoire ancienne, son dessin ne se ressent pas assez de ce que les Italiens appellent le *gran Diozo*. Il néglige les extrémités, telles que les pieds & les mains. La petitesse des formes auxquelles il paroît enclin, le rend plus propre à traiter les sujets de l'histoire moderne. Nous avons lieu de le croire, d'après le succès de son superbe tableau de *la mort de Léonard de Vinci* qui lui a mérité tous les suffrages & que l'on peut regarder comme un monument honorable pour l'Artiste & pour la Peinture.

M. CALLET.

M. *Callet* pourroit être appellé *le Peintre de Gnide ou de Paphos*. Son dessin est aussi capricieux que les

amours,

amours, & femblable aux grâces, les fujets ter-
ribles paroiffent l'effrayer. Nous devons penfer que
dans fes études en Italie, il s'eft plus attaché aux
ouvrages *du Cortone*, qu'aux maîtres férieux *Le
Carrache & Raphaël*. Son deffin eft gracieux, fa couleur enchantereffe ; on peut en juger par les plafonds
qu'il a peints chez M. le Prince de Condé, &
feue Mme. de Theluffon.

M. S U V É E.

Sévere obfervateur des grands principes, Deffi-
nateur très-correct, habile dans l'art de jetter les
draperies, M. *Suvée* feroit un de nos plus grands
Peintres, fi les connoiffances & l'obfervation exacte
des principes étoient fuffifantes pour l'être. Mais
les beaux arts font enfans de l'enthoufiafme & de
l'imagination, le génie fe permet quelquefois des
écarts heureux.

Souvent un beau défordre eft un effet de l'Art.
Boileau. Art. Poét.

Mais timide & circonfcrit dans les regles,
M. *Suvée* ne laiffe rien à l'imagination, ce qui ne
lui a pas permis de fentir la beauté avec l'enthoufiafme des anciens, quoiqu'il ait l'art d'appliquer
leur ftyle même aux différens fujets qu'il traite.
Si l'on jette les yeux fur fon tableau *des Veftales*,

on en trouvera l'ordonnance fage , pleine de la nobleffe qui convient au fujet ; mais on n'y trouvera dans aucune des vierges qui y font peintes , le vrai caractere de la beauté ; c'eft fur-tout dans les têtes de profil que ce fentiment fe manifefte dans tout fon jour , lorfque l'Artifte en eft pénétré.

Il eft encore un reproche effentiel que nous nous permettrons de lui faire , c'eft que dans les différentes fcenes qu'il repréfente , il ne nous fait voir les objets que dans une continuelle uniformité d'effets , qui donne à fes figures une certaine inaction ou immobilité qu'il pourroit détruire par des maffes d'ombre , & des tranfitions heureufes de lumiere ; pour éviter ce défaut , il fuffit à M. *Suvée* de ne pas s'éloigner de la marche qu'il a fuivie dans fon tableau *de la Nativité* , qui lui a mérité d'être agréé à l'Académie.

M. DAVID.

Nous ne pouvons rien ajouter aux éloges que l'on a faits des différens ouvrages de M. *David* : nous ne ferons ici que l'écho du Public , dont les regards ont paru s'arrêter avec complaifance fur les productions de cet Artifte. C'eft avec juftice qu'on a cru retrouver en lui toute la correction *du Carrache* , la maniere belle & franche des plus grands maîtres , de l'énergie jointe à la plus grande vé-

rité, à cette vérité dépendante du deſſin, de l'expreſſion, ainſi que de la connoiſſance parfaite du
coſtume & des uſages. La figure du peſtiféré, dans
le tableau de *S. Roch*, inſpire l'effroi du terrible
fleau dont il eſt frappé; ſon *Béliʒaire*, le reſpect,
l'attendriſſement & la pitié, & l'ame la plus inſen-
ſible eſt émue de compaſſion à l'aſpect de la dou-
leur touchante de ſon *Andromaque*.

Tous les pas de M. *David* ont été marqués par
des ſuccès; nous ne pouvons douter qu'il ne puiſſe
traiter également tous les ſujets de l'hiſtoire; cependant la ſévérité de ſon pinceau, l'expreſſion de
ſes perſonnages, le ton même de ſa couleur nous
font préſumer que les ſujets touchans conviennent
davantage à ſon caractere, & à la trempe de ſon
génie. On lui reproche un coloris trop ſombre, qu'il
doit, comme M. *Vincent*, à l'imitation des tableaux
de l'Italie. On craint encore que trop d'amour
pour la vérité ne le rende minutieux, & ne
nuiſe quelquefois à la nobleſſe de ſes compoſitions.

M. B R E N E T.

M. *Brenet* a fait douter quelque tems s'il étoit
né pour occuper un rang diſtingué parmi les Artiſtes
du premier ordre; mais le tableau qu'il a fait pour
le Roi, & qui décore actuellement l'Ecole Mili-

taire , a paru digne de nos plus grands maîtres , &
ce tableau feul a fuffi pour faire la réputation de
M. *Brenet* , & le tirer de la claffe des Peintres mé-
diocres. Cet Artifte nous a paru réunir toutes les
qualités qu'exigent les fujets françois : dans les
fujets Romains, nous l'avons vu rigoureux obfervateur du coftume , des ufages & des fites : mais
il manque à fes perfonnages le caractere qui convient au climat de l'Italie, & qui dans ce tems-là
étoit d'autant plus prononcé, que le gouvernement
avoit plus de vigueur; &, quoiqu'il foit aujourd'hui
moins en activité , le caractere national ne laiffe
pas de paroître d'une maniere fenfible.

Nos Peintres en général ne donnent pas à cet
objet toute l'attention qu'il mérite ; il feroit à
defirer qu'un Artifte inftruit , exact obfervateur de
la Nature , nous donnât quelques idées fur les différences nationales relatives à la Peinture. Une
favante théorie fur ce fujet pourroit être d'un grand
fecours dans la pratique , fur-tout pour les jeunes
Artiftes que le tems & l'expérience n'auroient
pas encore éclairés fur cette partie.

M. RENAUD.

L'on a vû le coloris de M. *Renaud* tomber tour-
à-tour dans deux extrémités oppofées. Son tableau
d'Andromede étoit trop couleur de rofe, celui du

Centaure Chiron, trop noir ; ce paffage rapide de l'une à l'autre couleur annonce dans M. *Renaud* une grande facilité à recevoir toutes fortes d'impreffions ; mais cette facilité même nous fait préfumer qu'il faura s'arrêter dans un jufte milieu. Nous le defirons d'autant plus que fon deffin eft plein de grâces, & fon exécution facile. De bons confeils, un heureux choix de la Nature, & les propres infpirations de fon génie fuffiront à M. *Renaud* pour lui mériter un jour une place à côté de nos plus grands maîtres.

M. LE BARBIER.

Le nombre & la variété des ouvrages de M. *Le Barbier* annoncent dans cet Artifte l'imagination la plus féconde & l'exécution la plus facile. Les fujets les plus différens & les plus oppofés ont tous été traités par lui avec un grand fuccès. Son pinceau digne de peindre les perfonnages héroïques, n'eft pas moins propre à repréfenter les grâces fimples & naïves. Les connoiffeurs admirent également fon *fiege de Beauvais*, & deux tableaux faifant partie de la galerie de M. de Beaujon, l'un repréfentant *la fête de Flore*, l'autre *une fête de Diane*. Ce dernier fur-tout annoncé la connoiffance la plus étendue des ufages des Anciens. Exact obfervateur du coftume, efclave des convenances nationales, toujours il a foin de

les concilier avec les effets pittorefques ; il feroît
à defirer cependant qu'il leur fît quelquefois plus
de facrifices , & que la crainte d'altérer la pureté
des couleurs locales , que d'ailleurs il entend très-
bien , ne nuisît point dans fes tableaux à l'effet
principal.

Sa maniere de peindre eft franche & facile ; fon
deffin pur & correct , dans cette partie fur-tout ,
il a peu de rivaux. La collection précieufe de fes
deffins pour les Idylles de *Gefner* , production d'une
ame fenfible , ne refpire par-tout que les mœurs
pures de la campagne , & prouve que leur Auteur
peut defcendre quelquefois du genre héroïque à
la fimplicité de la paftorale.

Malgré l'étendue des talens de M. *Le Barbier* ,
nous ne diffimulerons point que fon attachement
à l'antique , dont tous fes ouvrages portent l'em-
preinte , le rend moins propre à traiter les fujets
modernes qui paroiffent avoir pour lui peu d'at-
traits. Mais c'eft à cet amour pour l'antique , qu'il
doit la pureté de fon deffin , & la réputation qu'il
a fi bien méritée , comme un des plus grands Def-
finateurs de notre Ecole Françoife.

M. D U R A M E A U.

Il nous feroit difficile de louer le talent de M. *du
Rameau* , fi cet Artifte ne s'était fait connoître que

par son tableau *d'Herminie sous les armes de Clorinde*.
Mais l'Auteur des plafonds de la Salle de Ver-
sailles mérite des éloges, & son tableau de réception est un des plus beaux de la galerie d'Apollon.
L'église de S. Cyr possede encore un de ses bons
ouvrages. Le dessin de ce maître est ferme & sa-
vant; mais son style est vague, & son *faire* se
ressent trop de la maniere de peindre des Dé-
corateurs.

M. FRAGONARD.

M. Fragonard, né avec une somme de génie
propre à former plusieurs Artistes, ne nous paroît
pas avoir rempli toute l'étendue de ses obligations
envers la Nature. Loin de suivre la carriere sublime de son Art, où les plus grands succès lui
étoient assurés, il s'est détourné dans de petits
sentiers inconnus, pour se faire un genre plus favo-
rable au délire de l'imagination qu'à l'exacte vérité.
Nous devons avouer cependant que ses compositions
dans ce genre ont eu quelquefois des succès mérités;
mais son ambition s'est bornée à faire briller quelques éclairs, dans une carriere où son génie pouvoit répandre une lumiere plus grande & plus du-
rable. Son tableau de *Callirhoé*, qui l'a fait agréer à
l'Académie, autorise d'autant plus les reproches que
nous lui faisons, qu'on le peut regarder comme un

chef-d'œuvre d'harmonie & d'expreſſion. Malgré quelques incorrections de deſſin , on regrettera toujours que M. *Fragonard* n'ait pas pris un vol plus élevé.

M. G R E U Z E.

M. *Greuze* a fait paroître un talent ſublime dans les ſujets ſimples & naïfs ; les études qu'il a faites en Italie, ont enflammé ſon imagination ſans l'aſſervir. Neuf & piquant dans le choix de ſes ſujets , original dans ſa maniere , il ne reſſemble dans aucune partie aux maîtres que nous connoiſſons dans ſon genre : les belles têtes ſur-tout de cet Artiſte paſſent pour des chefs-d'œuvres de couleur & d'expreſſion ; mais lorſque M. *Greuze* a voulu s'élever au grand genre de l'hiſtoire, ce projet ambitieux n'a pas eu tout le ſuccès qu'il en attendoit, & lorſque dans ſon enthouſiaſme pittoreſque, il a cru faire revivre *Le Pouſſin* par la *mort de Caracalla*, il s'eſt trouvé fort inférieur à lui - même, non - ſeulement par le choix, mais encore par l'exécution. Ce tableau, qui pour la gloire de l'Auteur devroit ne pas exiſter, eſt un monument qui doit prouver aux Artiſtes combien il eſt dangereux quelquefois de s'éloigner du genre de talent auquel la Nature nous a deſtiné.

Le genre que M. *Greuze* a choiſi eſt peut-être au genre de l'hiſtoire ce que le drame eſt à la tragédie.

(25)

Tel homme de Lettres a fu peindre avec fuccès des infortunes bourgeoifes, qui n'a jamais fu faire parler des héros. Rendons juftice au talent fupérieur de M. Greuze, perfonne n'eft au-deffus de lui dans les fujets de fociété, *le Pere de famille*, *la Dame de paroiffe*, *la Piété filiale* nous offrent des leçons utiles, & pour ainfi dire, vivantes. Mais *le Fils ingrat*, *la Malédiction paternelle*, *la mauvaife Belle-Mere* font naître des idées moins confolantes, & peut-être vaudroit-il mieux ne pas fuppofer l'exiftence de pareils monftres à l'exemple de Lycurgue, qui, dans fes loix, n'avoit pas fuppofé la poffibilité d'un parricide.

On reproche à M. *Greuze* d'avoir abufé du ton violet, de l'avoir même outré dans quelques-uns de fes tableaux. On lui doit tenir peu de compte de fon deffin, dans la Nature choifie ; ce n'eft pas dans cette partie qu'a brillé le talent de M. *Greuze* ; il n'en avoit pas même befoin pour repréfenter des bourgeois habillés, ou des payfans de nos campagnes. Cependant, s'il eût moins négligé les acceffoires que l'on doit, dit-il, facrifier aux têtes, on eût pu le regarder comme un Artifte parfait dans le genre qui lui eft propre. Nous regrettons avec le Public de ne plus rien voir de lui au Sallon, où fes ouvrages ont autrefois attiré tous les regards.

M. BOUNIEU.

Les petits tableaux de M. *Bounieu* se sont fait remarquer par des effets piquans, & lui ont valu des succès très-mérités : c'étoit peut-être le genre auquel il auroit dû s'arrêter; mais n'a-t-il pas trop présumé de ses forces, lorsqu'avec la foiblesse & la pauvreté de son dessin , il a voulu s'élever au grand genre de l'histoire. Comment sur-tout a-t-il osé tenter de peindre nos premiers peres, ces chefs-d'œuvres du Créateur, ces Types parfaits de toute la race humaine, cette Nature si belle que rien n'avoit encore dégradée ? N'auroit-on pas dû trouver dans Adam tous les traits de la force jointe à la plus grande beauté de toutes les formes , & dans la compagne du premier homme, la plus belle de toutes les femmes. Ces deux personnages exigeoient sans doute de l'Artiste le plus beau choix que l'on puisse imaginer , & je n'y vois rien qui m'annonce cette sublime perfection dont l'Auteur de la Nature venoit de les revêtir. Nous avouerons cependant que le corps de la femme étoit bien dessiné ; que, quoique la touche en fût un peu molle , il avoit des formes agréables & bien arrondies. Ce sont là sans doute les causes de la célébrité de ce tableau de M. *Bounieu.*

M. TARAVAL.

Nous avons vu dans les tableaux de M. *Taraval* le *beau faire*, & la couleur que l'on acquiert à l'école de M. *Pierre*.

M. ROBIN.

Les ouvrages que nous connoiffons de M. *Robin* ont de la chaleur, & montrent fur-tout dans cet Artifte le mérite de l'invention poétique, celui de l'harmonie dans la couleur, de la nobleffe & de la grandeur dans la compofition. Nous en donnerons pour preuves l'efquiffe terminée du plafond de la Salle de Bordeaux, expofée au Sallon de 1777, qui parut d'une belle conception, & lui mérita les fuffrages des connoiffeurs ; & deux tableaux que l'on voit fur les côtés du Maître-Autel de Saint Nicolas-des-Champs.

M. *Robin* poffede encore un talent qui lui eft propre, celui de peindre *la frefque des Anciens* ; mais on reproche en général à fes ouvrages des incorrections de deffin, une exécution incertaine & peu ferme.

M. PEYRON.

Le tableau de Marius, expofé au dernier Sallon,

a fait beaucoup d'honneur au talent de M. *Peyron*, émule & concurrent de M. *David*. On y diftinguoit fur-tout une belle ordonnance, & le plus heureux choix dans les plis de fes draperies; mais fon perfonnage principal n'avoit pas toute l'énergie du fameux rival de Sylla, & fon foldat Cymbre n'étoit pas d'un caractere affez prononcé.

Madame L E B R U N.

Les tableaux que nous avons vus au dernier Sallon fous le nom de Mme. *Le Brun* annoncent du talent, & fur-tout la connoiffance des effets pittorefques : mais les petites formes de fa Junon ne nous donnent point une idée du caractere fier & impérieux de cette déeffe, & la petite blonde qu'elle a donnée pour Vénus, n'étoit point cette divinité que le grand *Apelle* à peine avoit pu repréfenter après avoir raffemblé toutes les beautés de la Grece.

La couleur de Mme. *Le Brun* eft trop brillante, fa touche eft gracieufe & peut convenir à une infinité de petits fujets qui n'exigent que de l'agrément; mais lorfque je vois Mme. *Le Brun* peindre l'hiftoire, je crois voir la maffue d'Hercule foulevée par la main des grâces.

M. D U P L E S S I S.

Nous ne pouvons que louer l'extrême vérité

qui regne dans les portraits de M. *Dupleſſis* : nous deſirerions qu'il y mît quelquefois plus de chaleur, & qu'il ſacrifiât un peu plus aux graces, ſur-tout dans les portraits de femme.

M. ROSLIN.

En voyant ſes belles draperies, nous deſirerions que ſes têtes en atteigniſſent la perfection, & il ne manqueroit rien à ſes tableaux. Nous ne faiſons que répéter un jugement que le Public a porté depuis long-tems.

Madame GUIARD.

Les différens portraits que Mme. Guiard a expoſés au dernier Sallon, ont fait beaucoup d'honneur à ſon talent ; ils ſe ſont fait remarquer, ſurtout par un beau ton de couleur, un deſſin correct & de bon goût, autant que par une touche ferme & vigoureuſe qui parut même au-deſſus de ſon ſexe.

M. VERNET.

Le genre de l'hiſtoire préſente des difficultés ſans nombre : il eſt, ſi l'on peut s'exprimer ainſi, *le poëme épique de la Peinture*, ainſi l'Artiſte qui traite ce genre avec fuccès, mérite les plus grands éloges. Cependant celui qui excelle dans un genre inférieur, qui paroît même au-deffus de ce genre, ne mérite pas moins de gloire & de celébrité : tel eft aujourd'hui M. *Vernet*, l'un des plus grands Payfagiftes que nous ayons connu. Son génie pittorefque embraffe tous les inftans, tous les phénomenes de la Nature ; c'eft en Poëte qu'il en fent les beautés, c'eft en Peintre habile qu'il fait les exprimer. La vérité de fon pinceau, la sûreté de fa touche, le beau choix des fites qu'il repréfente, l'exactitude locale, tout donne à fes payfages une efpece de magie que recherche en vain la foibleffe de fes imitateurs. S'il peint une tempête, on croit entendre les vents déchaînés, l'affreux mugiffement des flots ; l'effroi des matelots fe communique tellement à l'ame du fpectateur, qu'il foutient à peine la vue de leur terrible fituation. S'il peint un calme, c'eft le repos même de la Nature qu'il repréfente avec tous fes charmes. La fraîcheur, la tranfparence des eaux, une campagne riante flattent délicieufement l'imagination, & font naître une foule de fenfations agréables. S'il peint l'Aftre du jour, fon tableau paroît embrâfé de tous fes feux, il femble en avoir emprunté des faifceaux de lumiere pour le faire briller dans tout fon éclat. S'il peint un clair de lune, une lumiere plus douce vient frapper mes regards, fes rayons argentés percent à travers les nuages, & viennent se réfléchir dans les eaux.

Les tableaux de M. *Vernet* annoncent en lui les connoissances les plus étendues, comme Peintre, Physicien & Naturaliste ; il a fallu qu'il consultât la Nature, qu'il l'a prît, pour ainsi dire, sur le fait, afin de pouvoir arrêter sur la toile ses effets fugitifs ; il a fallu que dans ses marines, dans ses ports, il fût instruit de tout ce qui concerne la manœuvre & les agrès d'un vaisseau. Jamais les détails qui pouvoient produire une plus grande vérité ne lui sont échappés : ajoutons à cela l'exactitude qu'il a mise dans le dessin de ses figures, où l'on croiroit reconnoître un Peintre d'histoire, tandis que les autres Paysagistes les représentent ordinairement comme d'une maniere informe & grossiere, qui ne suppose que des notions très-imparfaites sur le dessin. Enfin, c'est sans cette restriction, que nous avons cru devoir louer les talens de cet Artiste qui paroît avoir atteint la perfection de son genre.

M. ROBERT.

Le pinceau de M. *Robert* s'est exercé sur les beaux sites des campagnes de Rome, & sur ses monumens. C'est un champ vaste où cet Artiste a pu faire des moissons abondantes ; aussi, ses tableaux sont-ils remplis d'un charme dont ce genre ne nous avoit pas encore donné d'exemple. En avouant que M. *Robert* a fait un heureux choix, nous defire-rions que *fon faire* fût moins vague & moins indécis.

M. MACHY.

A la vue des ouvrages de M. *Machy*, il eſt aiſé de reconnoître qu'il a eu pour ſon guide *Panini*. Il ne lui a manqué, pour ſurpaſſer ſon maître dans l'Architecture héroïque, que d'avoir vu l'Italie; la beauté de ſes monumens auroit ſans doute ag-grandi ſes idées. Nous lui devons reprocher, ainſi qu'au plus grand nombre de nos Payſagiſtes, de négliger la figure, défaut que M. *Machy* n'a pas dû trouver dans ſon guide. Au reſte, ſes vues de Paris annoncent un talent diſtingué, & nous devons lui rendre juſtice ſur les effets de la perſpective li-néale & aérienne, qu'il ſeroit difficile de mieux entendre que lui.

M. HUË.

Les payſages de M. *Huë* ſont une imitation fidelle des effets de la nature; ſa touche eſt ſpirituelle & gracieuſe. Cependant le talent de cet Artiſte n'a pas encore atteint le degré de perfection auquel il peut prétendre. Nous apprenons qu'il doit partir inceſſamment pour l'Italie. Ce voyage intéreſſant ne peut qu'enrichir fon imagination. Nous defirons que les beautés des tableaux des grands maîtres l'engagent à mieux deffiner fes figures, à mettre de l'intérêt dans fes payfages. C'eft encore une obfervation que nous devons faire à nos Payfagiftes qui promenent nos regards fur des lieux inhabités. En nous repréfentant des fites agréables, ne devroient-ils pas les animer par des fcenes vivantes ? Ne devroient-ils pas, à l'exemple *du Pouffin* & de M. *Vernet*, que nous pouvons citer à côté de ce grand Artifte, ne devroient-ils pas, dis-je, mêler dans leurs compofitions des paftorales, des fujets hiftoriques? Théocrite , Virgile , l'hiftoire , la fable fourmillent de fituations intéreffantes , dont ils pourrroient embellir leurs payfages , & donner à leurs productions le mouvement & la vie qui leur manquent.

M. N I V A R D.

Digne émule du grand nombre de nos Payfagiftes, M. *Nivard* néglige , comme eux , toutes fes figures. Sa couleur eft vraie , mais fa touche eft fauffe , & peu analogue aux différens fujets qu'il repréfente. En voyant la touche de fon feuillé , on diroit que la Nature n'a produit qu'une feule efpece d'arbres.

M. BUCOURT.

Les productions de M. *Bucourt* font pleines de grâces & de goût ; elles annoncent une étude réfléchie des meilleurs maîtres de l'Ecole Flamande ; mais elles reffemblent un peu trop à l'émail.

M. DE MARNES.

Comme M. *Bucourt*, M. *de Marnes* a choifi pour fes guides les Peintres de l'Ecole Flamande, & ce jeune Artifte paroît tellement rempli de l'efprit de cette Ecole, qu'il imite fes maîtres jufques dans les défauts, dont le tems & l'expérience les a délivrés. Nous l'invitons à moins polir les objets qu'il rend quelquefois trop reffemblans à l'ivoire, & à varier un peu plus *fon faire* ; car d'ailleurs fes tableaux font pleins de mérite du côté de l'invention, & fa couleur eft belle, quoiqu'un peu exagérée.

MM. VAN-SPAENDONCK, SAUVAGE, ET Mme. VALLAYER-COSTER.

MM. *Van-Spaendonck* & *Sauvage*, renouvellent parmi nous les merveilles de *Zeuxis* & de *Parrhazius* d'Ephefe. On ne peut faire un plus beau choix que

M. *Van-Spaendonck*, avoir une touche plus déli-
cate & plus sûre, avec autant d'élégance & de
variété. Il ne le cede point à *Van-Huizem*, qu'il
semble avoir pris pour son modele.

On ne peut avoir une couleur plus vraie que
M. *Sauvage*; il n'amollit point le marbre comme
le Sculpteur ; il fait au contraire lui rendre sur
la toile toute sa dureté, & c'est un grand mérite
du genre qu'il a choisi. On doit se souvenir encore
de *l'Enfant à la cage*, de M. *Pigalle*, qu'il a peint
dans son tableau de réception à l'Académie.

Mme. *Vallayer-Coster* suit de près ces deux ex-
cellens Artistes; &, comme eux, elle est rivale
de la Nature.

Nous terminerons ce discours par quelques ob-
servations générales sur l'esprit & la marche que
doit suivre la Sculpture. Comme elle tient de
près à la Peinture, elle est sujette aux mêmes va-
riations. Toutes deux ont pour but l'imitation de
la Nature ; c'est l'amour du beau & du vrai qui
doit les conduire ; mais la diversité des opinions a
corrompu ces premiers principes, & détourné les
Artistes du but qu'ils devoient se proposer.

Si nous remontons jusqu'à François I, tems
auquel florissoit *Jean Goujon*, nous verrons cet Artiste
célebre, digne émule de l'Ecole Florentine, posséder

tout son savoir, atteindre à sa hauteur, sans avoir sa rudesse (a); c'est sur le piédestal des grâces qu'il aiguisoit son ciseau; elles étoient toujours présentes à ses yeux; c'étoient à leurs côtés qu'il consultoit la Nature. Tous les Statuaires qui l'ont suivi, ont tous marché sur ses traces; ils ont tous adopté les mêmes principes, avec plus ou moins d'habileté; la différence qui se trouvoit entr'eux n'étoit que dans la maniere différente de voir les objets, & non dans les grands principes de l'Art.

Ce fut là sans doute la cause des progrès étonnans que fit alors la Sculpture : *le tombeau du Cardinal de Richelieu*, & *les bains d'Apollon* rendirent notre Ecole rivale de celle de Rome. Les chefs-d'œuvres de *Girardon* étoient remplis du style des anciens; le marbre respiroit sous le ciseau du *Pujet*, & si ce grand Artiste eût été aussi correct, qu'il étoit habile à rendre la palpabilité des chairs, aucune école du monde ne pouvoit plus nous disputer le premier rang. Alors la Sculpture sembla manquer d'aîles pour s'élever encore; soutenue par le génie des *Le Pautre*, des *Coizevox*, des *Le Gros*, des *Couslou*, &c. Elle plana quelque tems à la même hauteur; mais telle est la révo-

---

(a) Voyez les Cariathides du Louvre, & la Fontaine des Innocens, chefs-d'œuvres immortels de Jean Goujon.

lution des Arts , telle eft l'inconftance humaine ; on fe laffe bientôt de fuivre la bonne route ; on fe croit affez grand pour en fortir, & l'on s'éloigne du bût.

Le Moine fut un des premiers corrupteurs de l'Art ; il abandonna les grâces naturelles & le beau choix des anciens , & dérobant à la Sculpture fon plus grand mérite , le favoir du nud , il ne fit d'un Statuaire qu'un Sculpteur de marbre adroit. Plufieurs Artiftes fe font attachés au ftyle de *Le Moine* ; d'autres fe font crus imitateurs très-exacts de la nature , en copiant fans diftinction & fans choix jufqu'à fes difformités : imitation qui ne doit produire , dans des êtres·bien organifés , que des fenfations défagréables. Si l'Artifte doit imiter la Nature , qu'il l'imite plutôt dans fa perfection ; que fon imagination exaltée fe repréfente l'homme au fortir des mains de fon Auteur , & qu'il répande ainfi fur fes productions tout le feu de la Poéfie.

Nous connoiffons cependant des Sculpteurs qui fuivent encore la route tracée par les Anciens : nous rendrons juftice à leurs talens , lorfque nous parlerons de leurs ouvrages expofés au Sallon.

La Gravure , fi néceffaire pour réproduire & multiplier les Tableaux des grands Maîtres , paroît avoir beaucoup perdu depuis *Gerard-Audran* , *Edlhinck , Drevet* , &c. fur-tout dans le genre de

l'Hiſtoire , aujourd'hui trop abandonné ; mais
dans le genre typographique , elle a fait des
progrès qu'elle doit ſans doute aux deſſins pré-
cieux de quelques Artiſtes diſtingués , tels que
Meſſieurs *Cochin* , *Le Barbier*, *Moreau* , &c.

Nous nous ſommes propoſés d'entrer dans un
plus grand détail ſur les Statuaires & les Graveurs :
nous nous attacherons à les faire connoître par
leurs propres ouvrages , ainſi que quelques autres
Artiſtes dont nous n'avons pu faire mention dans
ce diſcours. Nous aurons ſans doute plus d'une
fois occaſion de rendre juſtice à leurs talens , dans
les obſervations que nous publierons chaque année
d'expoſition , ſous le titre d'*Obſervations critiques
ſur les Tableaux du Sallon* : elles ſerviront de ſuite
à ce préliminaire , & pourront former un recueil
de mémoires pour ſervir à l'Hiſtoire de la Peinture , en France.

www.ingramcontent.com/pod-product-compliance
Ingram Content Group UK Ltd.
Pitfield, Milton Keynes, MK11 3LW, UK
UKHW020039080726
13614UKWH00004B/1862